GUIDE POLITIQUE

A L'USAGE DES HABITANTS DES CAMPAGNES

DÉDIÉ A M. THIERS ET A M. GAMBETTA

PAR X...

Prix avec les 2 portraits de MM. Thiers et Gambetta

pour prime : 1 fr.

PERPIGNAN

IMPRIMERIE DU RÉPUBLICAIN, AVENUE DE LA PÉPINIÈRE, 4.

THIERS.

PRIME DU GUIDE POLITIQUE

PAR X***

I

Honneur aux paysans qui ont fondé la République.

A vous autres, petits cultivateurs, brassiers et artisans des campagnes revient l'honneur d'avoir définitivement fondé la République.

Depuis longtemps, l'élan que déployaient les villes pour le progrès venait s'abattre devant les barrières que vous lui opposiez.

Des voix autorisées avaient beau s'élever pour porter la lumière au milieu de vous, elles n'avaient aucun écho. C'est que vous aviez trop de confiance dans la bonne foi simulée de un ou deux grands propriétaires qui faisaient la pluie et le beau temps chez vous, et qu'un pur sentiment d'égoïsme portait à acheter vos consciences et à vous cacher la vérité. Si l'on venait à parler de République dans vos montagnes, ce n'était plus, selon l'Evangile, que de la graine qui tombait sur un mauvais terrain et qui était étouffée par les ronces et les épines. Au moyen d'un épouvantail on exploitait votre honnêteté. Le spectre rouge était arboré, on vous représentait les républicains comme les ennemis de la religion, de la famille et de la propriété. Une élection se présentait, vous serriez vos rangs ; vous vous groupiez autour de ces hommes qui seuls disposaient de vos volontés; aucune initiative ne vous était permise. Vous attendiez le mot d'ordre, et vous agissiez en conséquence heureux et fiers de pouvoir être agréables à vos maîtres.

C'est ainsi que vous avez créé et soutenu pendant vingt ans l'Empire qui, sans vous en douter, était le crime et le mensonge. Guidés de la sorte, vous vous croyiez dans vos petits villages comme dans le meilleur des mondes, ne connaissant de la politique de la France que ce que vous en disaient *le Moniteur* affiché à la Mairie et votre Maire qui était toujours votre *Suzerain*, ou une de ses plus fidèles créatures. Vous travailliez à la sueur de votre front ce petit lambeau de terre, redoutant sans cesse que les républicains ne vinsent un jour en opérer le partage ; vous payiez gaiement votre impôt sur lequel l'empereur prélevait lui seul trente-six millions sans compter la part qui revenait à son état-major, c'est-à-dire à ces hommes qui devaient le seconder pour maintenir l'ordre que personne ne songeait à troubler excepté eux-mêmes.

On vous avait tellement parlé de la prospérité de la France sous le régime où vous viviez que vous la croyiez invulnérable ; vous alliez jusqu'à traiter de mauvais citoyens ceux qui ne voulaient pas se laisser aveugler en pensant comme vous.

Cependant, cette pauvre France, conduite par l'homme du Deux Décembre et ses complices, marchait d'abime en abime. Celui qu'on appelait *l'empereur* avait hérité de l'ambition de son Oncle, sans avoir le talent d'un Soldat ; il s'était mis de la partie dans tous les différends survenus entre les puissances européennes : au Mexique même, il essaya de dicter des lois. Cette politique désastreuse a amené des résultats terribles pour la France. Toutes ces guerres follement entreprises nous ont valu : 1° le sang français versé inutilement ; 2° l'accroissement de la dette publique, puisque nous avons toujours supporté les frais de la guerre ; 3° la méfiance et l'abandon des autres puissances. D'un autre côté, cet empire, qu'on croyait fort parce qu'il venait de triompher devant le Suffrage Universel faussé à sa manière, était près de s'écrouler sous le poids de ses fautes. Il le comprenait si bien lui-même que, dans un but purement dynastique, il a entrepris cette guerre qui devait nous mettre à deux tiers de notre perte et nous faire avaler jusqu'à la lie, le calice d'amertume. Quelle responsabilité pour un homme !!!...

Malgré tout ce que nous avions à espérer de certaines nations, nous nous sommes trouvés seuls, dans cette lutte gigantesque devant la Prusse et toutes les provinces qui font partie aujourd'hui de

LÉON GAMBETTA.

PRIME DU GUIDE POLITIQUE

Par X***

Lith Justin Saignes Perpignan.

l'empire d'Allemagne. Nous n'étions pas en nombre, mais nous avions foi en la valeur et au courage du soldat français ainsi qu'à nos ressources intérieures, car on nous avait assuré que nous étions prêts.

Je n'ai pas besoin de vous dire le reste puisque nous parlons de l'histoire de nos jours. Si quelqu'un de vous était porté à oublier trop tôt cette époque si calamiteuse pour notre pauvre patrie, jetez un regard autour de vous et vous trouverez peut-être un membre de moins au sein de votre famille, un de vos enfants qui sera allé au-devant de la mort comme un généreux martyr de la patrie, lorsqu'il n'a été qu'une victime immolée à l'ambition d'un homme.

Ceux à qui Dieu a épargné ces pénibles sacrifices ont, pour se souvenir de cette époque de malheurs, leur petit budget grevé à l'infini à cause de l'impôt qui pèse sur les objets de première nécessité. C'est bien le cas de dire ici avec Lafontaine : « Que les petits doivent pâtir des sottises des grands. »

Tous ces événements, hommes des champs, vous ne les avez pas laissés passer inaperçus. Si vous avez commis encore une faute sans vous en douter : celle d'avoir nommé le 8 février 1871 ces députés qui, en se présentant à vos suffrages sous le nom de candidat de la paix que tout le monde désirait, nourrissaient dans leur cœur une haine acharnée pour la République seule capable de sauver la France, vous vous êtes ravisés à temps.

Vous avez suivi pas à pas les actes de cette Chambre enfantée par la peur, vous avez été heureux de la voir procéder, sous la direction de notre grand politique à la libération du territoire. Là, s'est borné tout le patriotisme de la Chambre du 8 février. A partir de ce moment, elle a pris une attitude hostile aux vraies aspirations de la France.

Les élections partielles envoyaient des députés grossir la minorité républicaine ; chaque fois qu'un nouveau venu arrivait à l'Assemblée, l'alarme se mettait au camp ; on s'en prenait à l'éminent homme d'Etat qui étonnait le monde par son honnête politique. Il avait promis à la France de lui remettre intact le dépôt qu'elle lui avait confié et de faire un essai loyal de la République. Ceci n'était pas du goût de la majorité qui voyait arriver le moment où cette majorité serait déplacée. On accusa M. Thiers de favoriser les élections républicaines ; une coalition se forme de suite contre lui, et chose curieuse dans les annales des peuples, la chûte du Président loyal a été juste le triomphe de la République.

En ce moment cette chambre a formé un gouvernement de combat ou de l'ordre moral ainsi que l'appelait M. de Broglie le meneur de la réaction. Tous les chefs libéraux qui se trouvaient à la tête des administrations ont dû suivre M. Thiers dans sa retraite. On cherche à provoquer une révolte dans le pays. Une loi votée à une très-faible majorité dit : « que les Maires pourront être pris en dehors du Conseil municipal » et M. de Broglie fait de l'exception une règle générale. Une réaction terrible qui n'a été dépassée que par les crimes de 1815 et de 1852 s'opère à l'instant ; on appelle à la tête du pouvoir une de nos gloires militaires, le maréchal de Mac-Mahon duc de M   enta, dans l'espoir de lui faire jouer un rôle quelconque contre l'honneur ; mais cette fois leurs espérances sont déçues. Des intrigues s'ourdissent de toutes parts. Une réconciliation paraît avoir lieu entre les deux branches aînée et cadette de Bourbon. Une société va se former pour exploiter le domaine de la France sous la raison sociale : Chambord et comte de Paris. Le comte de Chambord seul devait avoir la signature commerciale sous le nom d'Henri V, et après sa mort, le comte de Paris était héritier non-seulement de la gérance mais encore du fonds de commerce, c'est-à-dire des esclaves. Tout était prêt, la Chambre était sur le point de passer l'acte d'association lorsque un rien fait manquer la combinaison. Les négociateurs avaient arrêté que le magasin aurait pour nom : Au DRAPEAU TRICOLORE, et M. de Chambord arrivant au moment de signer, déclare que sur l'enseigne du magasin il ne peut faire aucune concession : le nom qu'il exige est : Au DRAPEAU BLANC. Voilà, pour le bonheur de la France, la société disloquée, avant d'avoir pu fonctionner.

Après cet échec, l'Assemblée nationale ne s'est pas découragée ; elle a toujours poursuivi sa tâche, celle d'empêcher par tous les moyens possibles les idées démocratiques de percer.

Cependant, malgré les pressions de toute sorte, malgré les candidatures officielles renouvelées de l'empire, le noyau républicain de la Chambre augmente toujours ; on ferme les portes de l'Assemblée aux députés de la gauche et ils entrent par les fenêtres. Ne pouvant rien fonder, on se résigne à gagner du temps ; le septennat est créé par tous les partis hostiles à la République dans l'espoir que le chef fera un coup d'Etat dans l'intérêt de chacun d'eux, mais le duc de Magenta leur répond comme à Malakoff : « J'y suis et j'y reste. »

A bout d'expédients, ces hommes sentent que le sol tremble sous leurs pas, de toutes parts ils vont être débordés ; ayant cru s'éterniser au pouvoir, à un moment donné ils sont obligés de suspendre les élections pour ne pas devenir minorité. On a reconnu alors qu'on devait mourir, mais il restait encore au pouvoir le droit de choisir le genre de mort : on a choisi la plus douce, celle qui semblait donner un espoir de résurrection.

Une Constitution républicaine de nom seul est élaborée à l'instant ; les républicains s'y rallient parce qu'ils préfèrent tout à ce provisoire énervant. Avec cette Constitution les hommes néfastes du 8 Février croyaient reparaître plus puissants et plus nombreux pour faire, avant 1880 même, ce qu'un règne de cinq ans ne leur avait pas permis. Ils comptaient sur vous, électeurs des campagnes, sur votre ignorance en matière politique pour leur ouvrir les portes du tombeau ; elles étaient fermées, vous les avez scellées !.....

Ils ignoraient, ces hommes que, dans vos campagnes, vous avez ressenti le contre-coup de leurs folies et de leur déloyauté. Comme les habitants des villes, vous avez eu des maires imposés qui se sont vengé de leur manque de popularité par des mesures vexatoires. Ils ignoraient que depuis la guerre bien des hommes ont appris à réfléchir, que chez vous, comme ailleurs, ces individus qui jadis étaient vos meneurs, ne sont considérés aujourd'hui, quelque riches qu'ils soient, que comme les plus grands ennemis de vos intérêts. Vous l'avez senti si bien que vous vous êtes habitués à faire vos affaires sans eux ; vous avez compris que vous aviez joué trop longtemps le rôle de dupes. On vous avait fait un scrupule de fraterniser avec les habitants des villes, vous avez cherché à vous mettre en contact avec eux. Au lieu de trouver là des oisifs, des gens sans aveu, amis des révo ons tels qu'on vous les avait dépeints, vous avez trouvé un e d'hommes travaillant, travaillant beaucoup et pensant beaucou ut ; vous avez trouvé des hommes ayant deux existences à la fois : la vie matérielle vouée au travail du corps et la vie intellectuelle à la culture de l'esprit.

Vous avez compris alors qu'il ne pouvait y avoir de rivalité entre vous et eux, que vos intérêts n'étaient pas séparés, que comme vous autres ils tiennent à ce que vos récoltes prospèrent et que vos denrées se vendent, parce que vous représentez l'agriculture et eux l'industrie et que l'une ne peut marcher sans l'autre.

Vous avez vu alors de près ces ennemis de la famille, de la religion et de la propriété ; vous avez conçu des républicains une toute autre opinion que celle qu'on vous en avait donné et vous avez signé un pacte de solidarité avec eux.

L'élection pour le Sénat s'est présentée et là des contrastes frappants vous ont étonnés. Votre petit village de cinquante électeurs a eu un délégué tout aussi bien que la grande capitale ; vous avez remarqué cependant une différence : le vôtre a été peut-être un berger ; et l'autre, le savant Victor Hugo. Toutes ces anomalies vous ont fait deviner une anguille sous roche ; vous vous êtes dit : on veut nous tromper, et puisque notre vote a autant de poids sur la balance que celui de Paris, nous voterons avec Paris !

Et alors, Messieurs, vous avez déjoué les calculs astucieux de ces hommes qui voulaient se servir de vous autres comme de marche-pied pour rattraper le pouvoir dont ils s'étaient si mal servi ; qui vous donnaient toutes ces prérogatives pour mieux vous enchaîner plus tard.

Vous avez fait un grand pas sans vous en douter, et dans la journée mémorable du 30 Janvier 1876, vous avez jeté les fondements de la République et du salut de la patrie.

Bravo ! vous ont crié les villes qui ne s'attendaient pas à tant ; on avait cherché à nous diviser, les circonstances viennent de nous unir ; notre pacte est désormais indissoluble. Ce que vous avez commencé le 30 Janvier nous le finirons le 20 Février, et l'engagement a été tenu.

La République est sortie triomphante de ces deux journées qui avaient été choisies pour l'enterrer à tout jamais.

Honneur donc, honneur à vous, habitants des campagnes qui avez su profiter du seul moment qui vous était accordé pour faire naître l'ère de progrès et de liberté.

Honneur, Honneur à vous ! ! !

II

De l'Indifférence en matière politique.

———◁◦◦◦▷———

Les malheurs qui de tout temps se sont abattus sur les peuples n'ont été que la conséquence directe de l'indifférence en matière politique. C'est l'observation de tous ces faits qui a fait dire : « Que les nations ont les gouvernements qu'elles méritent. »

La politique est l'art de gouverner et d'administrer les Etats ; or, un Etat est l'ensemble de personnes soumises aux mêmes lois, aux mêmes règlements d'un pays et qui dépendent toutes du pouvoir établi. Ces mêmes personnes prennent des noms différents selon la solidité des liens qui les attache au pouvoir: en Russie, où le gouvernement est une monarchie autocrate, on les appelle les esclaves ; en Angleterre, où l'on vit sous le régime d'une monarchie constitutionnelle, on s'appelle sujets, mais en Suisse, aux Etats-Unis et en France, où l'on vit en République, on s'appelle des hommes !

Vous voyez déjà la grande différence qui existe entre ces trois dénominations et vous n'êtes pas indécis sur le choix que vous feriez pour votre classement. Le titre d'homme est celui qui vous convient le plus parce que de nos jours il signifie libre et intelligent et que du temps de la Genèse il voulait dire : « Roi de la création. »

Dieu, en tirant l'homme du néant ne lui donna d'autres chefs que lui-même. Ecoutez et pesez bien la formule de la création : « Faisons l'homme à notre image et à notre ressemblance et qu'il commande aux animaux. »

A son origine donc, l'homme n'avait d'autres chefs que lui-même sur la terre. A mesure que le monde s'est peuplé, il a fallu une organisation et alors, au lieu de représentants, les hommes se sont donné des maîtres ; au lieu de conserver leur caractère d'indépendance, ils se sont mis au rang des animaux qui seuls devaient être soumis. Peu à peu ces maîtres sont devenus puissants et pendant des siècles, les peuples ont forgé eux-mêmes les chaînes qui devaient les attacher.

Les monarques se sont succédés de père en fils, en héritant toujours le droit d'asservir ; si ces potentats ont eu quelques déboires dans le pouvoir, ce n'a jamais été le peuple qui les a faits essuyer. Des rivalités entre souverains ou l'ambition de quelque grand seigneur élevé à l'ombre du trône ont pu seulement soulever quelque révolte. Pour ce qui est du paysan, il ne faisait que sentir le contre-coup de ces différends en changeant tour à tour de maîtres plus ou moins inhumains ; non-seulement il n'était admis à aucun conseil, mais pas une de ses plaintes n'était entendue ; d'ailleurs, on l'avait gratifié du titre dégradant de *serf* et de *vilain*.

Aux siècles de barbarie, succèdent des époques plus heureuses. L'instruction qui avait été pendant longtemps le privilége du clergé et de la noblesse, est arrivée peu à peu jusqu'au peuple qui a commencé d'en goûter comme d'un fruit défendu. Les règnes de Louis XIV et de Louis XV ont produit quelques grands hommes qui se sont illustrés dans les sciences, les lettres et les arts et qui, en signalant les abus, ont préparé la grande révolution de 89.

A cette époque, le peuple a commencé de voir qu'il était quelque chose : Que non-seulement il pouvait faire la loi chez lui, mais encore en dicter aux autres nations, car c'étaient les enfants du peuple qui présidaient aux destinées du pays et qui défendaient, les armes à la main, les principes de 89 que les puissances coalisées voulaient étouffer. Tant de sang généreux n'a pas été versé inutilement puisque ces principes, que nos pères ont fondés et soutenus, ont fait le tour du monde et nous ont fermé l'ère des révolutions sanglantes en nous léguant le suffrage universel qu'on avait tenté de nous ravir pendant un temps de réaction.

Le sang a dû encore couler, mais trois journées ont suffi pour nous remettre en possession de cette arme défensive, si précieuse entre les mains d'hommes éclairés, énergiques, fermes et résolus.

Nous serions bien coupables si, devant les leçons de l'histoire, nous restions indifférents ou si, en vue des résultats obtenus, nous nous endormions sur nos lauriers. Souvenez-vous que si nous dormons, les arrière petits-fils de nos oppresseurs veillent toujours, ils rêvent encore des privilèges, et sont encore prêts à choisir le moment pour nous enchaîner. Il s'agit de veiller et de veiller toujours pour ne pas le leur fournir.

Les principes de liberté que nos pères nous ont transmis font partie intégrante de notre domaine. Si nous ne pouvons l'augmenter, il nous est défendu de le dissiper, au moins, laissons-le intact à nos enfants ; agir autrement serait un crime.

Le régime détesté de l'empire a porté la terreur dans les campagnes : nous avons encore des paysans qui redoutent les déportations de 1852, et qui restent étrangers à la politique. Qu'ils se souviennent que la peur est toujours une mauvaise conseillère et que ce qui fait le plus grand mal à la société, c'est l'ignorance ou l'indifférence en matière politique. On voit encore de nos jours d'honnêtes cultivateurs se scandaliser lorsqu'un homme leur cause politique. S'ils n'osent tourner son zèle en ridicule, séance tenante, ils le font à son insu et disent qu'on ferait mieux de leur laisser travailler tranquillement leur champ et leur vigne.

Mais les imprudents ne comprennent pas que leur champ et leur vigne n'en seraient pas moins travaillés, s'il s'occupaient un peu des affaires de la patrie qui sont les leur. Ils savent pourtant qu'ils doivent payer régulièrement l'impôt ; que le produit de leurs sueurs peut être plus ou moins bien utilisé et que si tout le monde pensait comme eux, à un moment donné leur travail ne pourrait plus suffire à satisfaire les exigences des hommes, qui s'habituent si facilement à faire les affaires de tout le monde pour mieux faire les leur.

Que diriez-vous à un homme qui, sachant qu'il y a un domaine indivis appartenant à plusieurs propriétaires, se présenterait à chacun d'eux et dirait : Je viens vous offrir mes services pour gérer la part de votre bien, mais voici qu'elles sont mes conditions : Je veux avoir un pouvoir absolu sur ce qui ne m'appartient pas ; je veux que non-seulement vous ne puissiez me faire rendre compte de mon administration, mais que ni vous ni

2

vos descendants ne puissiez non plus reprendre cette charge, ni à moi ni à mes enfants qui hériteront de mes droits.

En présence d'un serviteur ayant de pareilles prétentions tous les intéressés se récrierait contre cet audacieux, qui en un tour de main, voudrait leur enlever la propriété.

Supposez un moment que cet homme déloyal, ait pu gagner à ses intrigues une partie des sociétaires en leur promettant une part des bénéfices, et qu'on doive en venir à un vote pour savoir si les autres partageront ce choix. Supposez encore qu'une autre partie, soit ignorance à l'endroit des prétentions du postulant, soit insouciance pour ses propres intérêts, veuille s'en rapporter au jugement des autres intéressés.

Qu'arrivera-t-il ? c'est que cet aventurier prendra l'administration du bien collectif et rendra à chaque propriétaire les comptes qu'il voudra ; il menacera et frappera même de prison ceux qui ne voudront pas lui être agréables.

Je vous vois rougir, c'est que je viens de faire l'histoire de l'Empire, et vous avez quelque chose à vous reprocher.

Voilà à quoi s'exposent par leur insouciance ceux qui restent étrangers à la politique ; ils laissent à d'autres le soin de gérer leurs affaires parce qu'ils s'imaginent ne posséder qu'un champ et qu'une vigne, et comme le disent eux-mêmes dans leur naïveté parce qu'ils ne peuvent pas devenir ministres.

Détrompez-vous, hommes des champs, vous êtes plus riches que vous ne croyez, car vous avez une part au grand domaine qu'on appelle la France, puisque vous êtes électeurs. Ne laissez à personne le soin de gérer vos intérêts et sachez que vous avez beaucoup à perdre ou à gagner à une bonne ou mauvaise administration.

Ainsi donc, présidez dès aujourd'hui à vos destinées ; qu'il n'y ait plus de dupes ni de dupeurs, que tout se fasse au grand jour et surtout que tout homme soit à même d'apprécier ses véritables intérêts.

III

Les compétitions monarchiques en France et les rois en général.

Trois familles dynastiques aspirent en France à la domination, et chose curieuse, on dirait que nous sommes condamnés à avoir le nombre 3 en présence pour embrouiller nos affaires de famille. Au moment où la branche aînée des Capets va s'éteindre faute de succession, voilà déjà une nouvelle division, un schisme qui se déclare dans la famille impériale. De même que nous avons eu la monarchie du droit divin et ce qui a voulu s'appeler la monarchie constitutionnelle, on nous promet aussi l'Empire du droit divin et l'Empire libéral, dénomination nouvelle pour mieux nous tromper. Bref, il s'agit de la branche aînée et de la branche cadette des Bonaparte : l'une est représentée par le descendant direct de l'homme de Sédan, et l'autre par le fils du prince Jérôme, dont les conseils ont eu un si grand poids dans la politique du second Empire.

En un mot, c'est une forêt de tuteurs qui naît au moment où nous venons d'entrer dans notre majorité, où nous sommes décidés plus que jamais à faire valoir notre domaine.

Nous pourrions bien demander à ces hommes qui se sont enrichis pendant que nous devenions pauvres, les comptes de tutelle, les revenus de nos biens qu'ils ont administré à leur profit seulement pendant notre longue minorité, mais nous serons plus généreux. Fiers de notre émancipation, nous traduirons uniquement ces dépositaires infidèles devant le tribunal de l'opinion publique afin qu'ils soient

connus. La fortune ne pourra les consoler de la méfiance qu'ils ins-
pireront, et ce sera là leur plus terrible châtiment jusqu'au moment
où ils comprendront que le titre de prince n'est plus rien et que celui
de citoyen ennoblit.

Pour nous autres, nous tâcherons de rattraper le temps perdu ;
puisque nous sommes en pleine jouissance de notre bien, c'est-à-dire
de la direction des affaires de la patrie, nous ferons voir que nous
sommes dignes d'exercer les droits que nous nous sommes donnés ou
plutôt que nous venons de reprendre.

La France peut être comparée à un vaste domaine qui est notre
propriété ; nous venons de le tirer des mains d'hommes inhabiles,
je veux dire trop habiles, et qui faisaient de la mauvaise agriculture
à nos dépens. Ils vous ont laissé les terres ruinées et épuisées, nous
les relèverons ; nous fumerons et nous travaillerons beaucoup, c'est
le seul moyen d'avoir des rendements durables.

Revenons à présent à ces trois partis monarchiques qui, de nos
temps, envoient tous des représentants à vos portes pour obtenir vos
suffrages et votre confiance. Comme ces messieurs se gardent bien de
vous dire au nom de quels principes ils parlent, ce qu'ont fait les
pères des hommes qu'ils veulent faire arriver au pouvoir et ce qu'ils
feraient eux-mêmes, je vais vous le dire.

Je parlerai histoire afin qu'on ne puisse m'appeler homme de
passion et de parti ; je ne ferai que répéter ce que quelques-uns de
vous autres auront vu en lisant l'histoire souvent scandaleuse de notre
pays.

Commençons par la première branche des Bourbons dont le représentant direct voudrait monter sur le trône avec son titre de roi
légitime qu'il prétend tirer de l'ancienneté de sa famille : la même
chose comme un individu de mauvaise foi, qui évoque la prescription
de trente ans, pour entrer en possession d'un immeuble dont on
l'aura laissé jouir par tolérance.

Puisqu'il veut bénéficier de l'ancienneté, accordons-lui en tant qu'il
voudra et même plus, car la responsabilité n'en sera que plus grande ;
qu'il soit le descendant de Clovis et alors sa charge sera plus lourde
puisque nous lui demanderons compte de toutes les atrocités commises
au nom du pouvoir jusqu'à la Révolution Française, et de 1815
à 1830.

Nous ne ferons qu'esquisser les abus qui se sont produits, car si nous voulions entrer dans des détails et surtout si nous remontions aux époques les plus barbares, il nous faudrait plusieurs volumes pour accomplir notre tâche.

Parlons d'abord de certaines dispositions de la loi salique : nous voyons en premier lieu le meurtre racheté par une somme d'argent. On payait à cette époque 4.000 fr. de notre monnaie pour avoir le droit de tuer un homme du peuple ; si on tuait un noble il fallait payer 12.000 fr. et ceux qui ne pouvaient se racheter de leur crime devaient payer de leur personne ; d'ailleurs, chacun pouvait se faire justice. Avec de pareilles institutions on voit facilement qu'il n'y avait pas de sécurité pour les classes inférieures de la société.

Venait ensuite ce qu'on appelait le jugement de Dieu : lorsqu'il se présentait un cas embarrassant pour connaître la culpabilité d'une personne, on avait recours à ces jugements. L'individu accusé devait saisir une boule qu'on plaçait au fond d'un vase rempli d'eau bouillante, ou saisir avec les mains un fer rougi au feu ; si aucune trace de brûlure ne se produisait l'homme était innocent, mais il était toujours reconnu coupable, vous le sentez bien. Il faut vous dire que les privilégiés du pouvoir ne devaient pas subir ces épreuves parce qu'ils n'étaient jamais suspectés. Les hommes qu'on soumettait à ces tortures étaient nos ancêtres et les rois qui faisaient ces lois les ancêtres du comte de Chambord, notons cela en passant.

Arrivons au fameux temps de la féodalité qui était le comble de l'absolutisme, à cette époque où les États étaient partagés en une infinité de seigneurs ou de petits rois qui rivalisaient entre eux de puissance. Demandons des nouvelles du peuple et cherchons le rôle qu'il joue dans ces temps. Ah ! messieurs, armez-vous de courage et considérez, sans frémir si vous pouvez, dans quel triste état se trouvait la société. D'hommes, vous n'en trouvez pas dans les classes inférieures ; vous avez de la peine à reconnaître au milieu de tous les êtres animés qui sont la propriété des seigneurs, ceux que Dieu a doués d'une âme au moment de la création. De l'homme au cheval et de la femme à la jument, il n'y a d'autre différence que celle du prix, car tout se vend.

L'homme prend le nom de serf ou d'attaché à la glèbe, c'est-à-dire à la terre qu'il cultive. Il n'a rien en propre : ses habillements, ses instruments, le fruit de son travail, ses enfants, lui-même, tout appartient au seigneur. Au seigneur q ii a droit de vie et de mort sur lui et qui n'était pas très humain à l'égard d'un esclave que l'âge ou les infirmités empêchaient de travailler.

Ne vous y trompez pas, malgré les siècles qui nous séparent de cette triste époque, les petits seigneurs de vos campagnes s'accommoderaient bien de ce régime ; faites qu'ils ne le voient jamais fonctionner.

Cependant, sans que le peuple ait jamais eu le moindre espoir d'affranchissement, les abus même de l'époque furent sa délivrance. En écrasant la féodalité, les rois n'avaient pas pour but de mieux traiter leur peuple, mais de se débarrasser de ces petits monarques altiers qui voulaient même dicter des lois au pouvoir suprême. Seulement, en frappant les maîtres, ils donnaient de la force aux esclaves et ceux-ci se virent peu à peu changer de condition ; mais quel était ce changement ? de serf qu'il était le peuple reçut de la noblesse le nom dérisoire de JACQUES BONHOMME. S'il lui était permis de posséder quelque chose, c'était uniquement pour se voir dépouillé par la force, et résister n'était pas chose aisée, car au moindre signe de mauvaise volonté on lui répétait la formule du temps : « JACQUES BONHOMME NE LACHE PAS SON ARGENT S'IL N'EST ROUÉ DE COUPS ; MAIS JACQUES BONHOMME PAYERA CAR IL SERA BATTU. »

Disons un mot, en passant, de la liberté de conscience pendant ces temps malheureux. Parmi tous les assassinats et les massacres généraux ordonnés de concert par les papes et les rois, nous n'en citerons qu'un.

En 1208, dans le Midi de la France, un certain nombre de catholiques, voyant les abus du clergé, se sépare du giron de l'Eglise et prend le nom de secte des Albigeois. Devant le progrès de cette secte naissante, la cour de Rome prend l'alarme et ordonne une croisade pour en avoir raison. Des fanatiques secondés par le pouvoir soulèvent les masses et bientôt une armée d'égorgeurs est formée. Commandée par le farouche Simon de Montfort, cette armée porte la désolation partout : les palais et les maisons sont pillés, les hommes brûlés, les femmes violées et les enfants massacrés avec un raffinement de cruauté. Un nombre prodigieux d'habitants des campagnes terrifiés vient se réfugier dans la ville de Béziers qui est emportée d'assaut par les croisés. Le chef sanguinaire se voyant en présence d'une foule si nombreuse dont une partie seulement était hérétique, consulte le représentant du pape qui lui répond : « TUEZ-LES TOUS ; DIEU SAURA RECONNAITRE LES SIENS. » Un massacre épouvantable a lieu dans la ville ; on la réduit même en cendres afin que les ordres soient bien exécutés et que pas une personne ne puisse s'échapper.

Je passe sous silence plusieurs abus dont le peuple a toujours été victime pour arriver plus rapidement à ce qu'on appelle les grands règnes de Louis XIV et de Louis XV.

On dirait que pendant ces siècles de lumière les basses classes doivent mieux respirer; pas du tout: c'est toujours le même JACQUES BONHOMME qui doit supporter toutes les charges de l'Etat ; il doit se saigner jusqu'au blanc pour payer les frais de ces nombreuses guerres entreprises toujours dans l'intérêt de la cause dynastique. En récompense des grands sacrifices qu'il doit s'imposer, il ne peut pas même avoir ce qu'on appelle la liberté individuelle. La Bastille, cette prison d'Etat, s'élève menaçante comme un défi de la puissance des rois contre la faiblesse du peuple ; les lettres de cachet sont inventées pour avoir raison de ceux que la bonne foi et la conscience des juges protégeaient. Un individu avait le malheur de déplaire ou de porter ombrage à un personnage puissant, une lettre cachetée émanant du roi ou du ministre, le condamnait à la prison perpétuelle ; aucun tribunal ne pouvait prendre sa défense: les supplices affreux de la Bastille avaient raison de lui et ses murs épais empêchaient les plaintes et les protestations d'arriver jusqu'au dehors.

Aucune charge politique ne pouvait être confiée à un enfant du peuple quelque intelligent qu'il fût ; la noblesse et le clergé seuls avaient le privilège de briguer tous les emplois.

Toutes ces atrocités nous valurent l'émancipation du peuple car les hommes de talent de l'époque n'étant pas les privilégiés du pouvoir parce qu'ils n'étaient pas nobles, n'en furent point les adulateurs. Hommes du peuple, ils instruisirent le peuple qui secoua son joug en nous dotant des principes de 89.

Avec la restauration les abus voulurent ressusciter ; mais, malgré la terreur blanche du règne de Louis XVIII, le peuple en eut encore raison. Il y eut des exécutions sommaires, des condamnations à mort, des bannissements, et tout cela parce qu'on avait bien accueilli la Révolution et qu'on voulait se nourrir de liberté.

Voilà, messieurs, l'histoire très sommaire du drapeau blanc qui n'est qu'un morceau d'étoffe ; tout ce que je viens de vous dire en est la conséquence, jugez !

De la branche aînée des Bourbons, passons à la cadette et mettons-là, à son tour, sur la sellette. Elle est jeune, me direz-vous, pour être bien connue ; toute jeune qu'elle est, elle a assez de titres à votre aversion. Louis-Philippe fut le fils de Philippe-Egalité qui parut embrasser les principes de 89, qui fut mêlé aux discordes civiles de 93, qui vota la mort de son cousin et qui mourut victime de son prétendu zèle pour la liberté. Ce que le père ne put réaliser à cette époque, son fils le fit en 1830.

Le duc d'Orléans avait fait de l'opposition à ses parents pour s'asseoir sur leur trône ; il voulait remplacer la couleur du drapeau et non les conséquences ; au lieu d'une seule nuance, il a voulu nous donner quelque chose de bigarré pour mieux tromper notre vue. Il a été élevé sur le trône aux cris de : Vive la Liberté ! Ce roi qui durant un règne de dix-huit ans n'a pas laissé fonctionner le suffrage universel ! Pendant ce temps, il a acquis à nos dépens une des plus grandes fortunes princières et de nos jours encore, lorsque la pauvre France était en train de payer son tribut à l'Allemagne, ses fils obtinrent de la faible Assemblée qui vient de s'éteindre, des millions à titre de revendication.

Qu'on ne dise plus que ces gens ont une patrie et qu'ils veulent relever la France ; on ne peut jamais relever en ruinant. Le citoyen se considère toujours comme le fils de la patrie ; sa manière de la servir est de donner. Pour le prince, c'est autre chose : il prend toujours même lorsqu'elle n'a rien ! Avis à ceux qui voudraient mettre en avant le patriotisme des princes de la famille d'Orléans.

Dirons-nous quelque chose de l'Empire ? Ah ! la plume me tombe des doigts à la pensée qu'il y a encore des impérialistes en France. Les Allemands, en savourant nos milliards pourraient bien ériger des statues aux Bonapartes qui leur ont ouvert deux fois les portes de Paris, mais en France, toutes les mères de famille devraient habituer les enfants, dès leur bas âge, à prier Dieu qu'il nous délivre d'un pareil nom. Napoléon Ier a été un soldat d'abord et un ambitieux

ensuite ; Napoléon III, un corrupteur et un lâche, tous les deux !...
des parjures !...

Je ne puis vous en dire d'avantage car mon cœur se serre, méditez
l'histoire de nos jours.

Je viens de vous faire faire connaissance avec les compétiteurs
monarchiques ; puisque vous êtes édifiés sur leurs actes, je vais vous
parler de leur origine.

S'il vous était permis d'approcher des têtes couronnées, vous
pourriez leur dire : O vous que le pouvoir aveugle, vous qui exercez
cette espèce de suprématie sur les hommes que vous considérez comme
des immeubles ou des bêtes de somme, répondez-moi ? Qui vous a
donné ces prérogatives, qui vous a choisi parmi les mortels pour avoir
de si grands privilèges, qui a fait de vous des demi-dieux ?

Je les entends murmurer tous : Nous sommes rois par droit de conquête ou par droit de naissance. Par droit de conquête, oui, absolument
comme un aventurier qui organise une bande de brigands bien armés
et s'en va ravager un village sans défense. Après avoir saccagé par
le vol et le meurtre cette population, il arrive à la place publique,
plante à terre son poignard ensanglanté et s'écrie : Voilà mon sceptre
et mon étendard ; je régnerai désormais sur ces débris par droit de
conquête ! Cet homme est roi au même titre que vous. La comparaison
est un peu forcée si vous voulez, car ce bandit a eu la même audace,
mais plus de courage que vous ; il s'est trouvé au premier rang de
l'action, tandis que vous l'avez commandée de loin en mettant votre
poitrine à couvert. Comme vous aussi, il jouit en paix de ses forfaits
car les villages voisins ne peuvent porter secours à leurs frères
puisqu'ils sont eux-mêmes la proie du pareil roi.

Passons au droit de naissance qui est aussi un titre pour vous à la
royauté. Il y aurait beaucoup à dire sur ce sujet, mais nous abrège-
rons. A ceux qui font parade de ce vain titre, je dirai d'abord qu'ils
sont les détenteurs d'un bien mal acquis. Fils, petit-fils, arrière-petit-
fils des conquérants dont je viens de vous parler, ils assument la
même responsabilité qu'eux: celle d'avoir subjugué les peuples par la
force.

Il y a encore pour ceux-ci une circonstance aggravante car leurs
ancêtres exerçaient le pouvoir absolu, à une époque où, malgré leur
férocité, ils avaient quelque chose pour eux. Ils avaient la bravoure

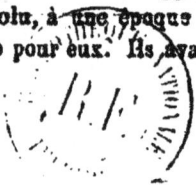

et le génie ; ils régnaient sur des peuples presque en état de barbarie ; sur des peuples qui n'aspiraient pas encore à la liberté et qui reconnaissaient la nécessité d'avoir un chef puissant.

Il n'en est pas ainsi de vous autres qui exercez le pouvoir à un siècle de lumières, à une époque que les générations futures appelleront l'âge du travail et des vastes conceptions. Vous êtes obligé de l'exercer avec d'autant plus de rigueur, ce pouvoir, que le progrès cherche à percer partout malgré les barrières que vous lui opposez. Les peuples travaillent constamment pour leur indépendance et de votre côté vous ne vous endormez pas. Où l'épée ne réussit pas, où le fer est impuissant, vous employez la mine qui fait un travail occulte. Comme l'école du peuple produit des hommes supérieurs à ceux qui sortent de l'école des princes, vous jouez le rôle de corrupteur. Vous remplissez vos poches d'or et allez acheter des Rouhers et des Olliviers : les hommes qui viennent de renier leur passé font semblant de vous faire changer de politique. Ils parlent au peuple de liberté, et celui-ci qui redoute les Révolutions se laisse prendre au piége. Et ce vil métal qui a déjà peut-être coûté la vie à des malheureux dans l'extraction des mines sert encore à enchaîner des malheureux !

Voilà pourquoi les peuples vous subissent à vous autres qui avez une certaine intelligence ; voilà pourquoi ils subiront demain vos fils qui seront ou des crétins ou des insensés, car, ne vous y trompez pas, vous êtes des hommes, et du plus intelligent il peut naître un idiot. Ces individus seront des rois parce que, comme vous, ils sont les fils de leur père, parce qu'ils doivent bénéficier aussi du droit de naissance que vous ne pouvez leur contester.

Jugez, messieurs, si le raisonnement et la logique nous conduisent loin avec vos principes..... Je sais bien que vous avez une argumentation à opposer à mon raisonnement. Je vous entends dire : le cas que vous citez est prévu ou sous-entendu dans toutes les chartes ; un conseil de régence se charge des affaires d'un peuple lorsque le roi est privé de ses facultés. Sur ce terrain je veux encore vous combattre. D'abord, tous les décrets rendus par le conseil de régence ont pour entête : « AU NOM DU ROI. » Et les autres puissances vous rient au nez et ajoutent : « AU NOM D'UN FOU. » Ils ne pensent pas que ces railleries qu'ils vous prodiguent, vous ne les leur marchandez pas à votre tour, car tout ce qui est naturel est réalisable.

Comme d'un autre côté, beaucoup de personnes sont intéressées à perpétuer une dynastie, et que dans ce cas il faut un rejeton au roi fou, des mariages quelquefois simulés se produisent aussi bien que des substitutions d'enfants, ce qui est le comble de l'immoralité.

Prenons à présent pour roi, toujours par droit de naissance, un sujet qui, par ses facultés intellectuelles, soit le milieu entre une intelligence ordinaire et le dernier degré du crétinisme. Pouvez-vous me dire à quel degré juste de folie peut-on enlever le pouvoir à cet homme ? Vous savez que l'esprit n'est ni un élément ni une matière et qu'il est par conséquent incommensurable.

De même qu'un abus ne peut être réprimé que tout autant qu'il s'est produit, un insensé ne peut être reconnu tel que lorsque ses actes l'ont prouvé. Or, qui pourra approcher un roi pour lui reprocher ses actes, qui pourra lui dire qu'il fait souffrir le peuple par ses caprices et ses extravagances ?

Assurément, nous devons nous arrêter dans cette pente, car nous verrions des peintures trop navrantes pour l'humanité.

Le langage que je viens de tenir aux rois et aux prétendants, vous devez, vous autres, le tenir aux émissaires qu'ils vous envoient. Je vous signale le gouffre d'où nous nous sommes retirés, tâchons de ne pas y retomber.

IV

Mauvais jours de la République de 1870 à 1876.

Dans les siècles d'ignorance et de fanatisme on faisait grande attention à l'état du ciel et aux constellations au moment où un enfant venait au monde. On consultait les devins qu'on appelait des astrologues pour savoir si tous les signes étaient de bon augure pour le nouveau-né, s'il était né viable et si un avenir brillant lui était réservé. On appelait cela tirer l'horoscope.

Si au 4 Septembre 1870, un individu avait été chargé d'augurer sur le sort de la République, que de points noirs n'aurait-il pas découvert à l'horizon ! Elle était née de la nécessité imposée par nos malheurs et tous les dangers semblaient conjurés contre elle. Elle avait été reconnue si peu viable qu'on n'avait pas même songé à lui donner son véritable nom puisqu'on l'appelait le *Gouvernement de la Défense Nationale*.

Le pays était envahi et saccagé par un ennemi puissant dont le chef d'une dynastie corrompue avait favorisé les plans.

La patrie était occupée à résister, à s'abreuver d'amertumes, mais elle devait nourrir son enfant, bien que le lait fut empoisonné ; on ne pouvait trouver nulle part une nourrice, car les Etats-Unis étaient trop loin et la Suisse trop faible.

Au moment où ces hommes, qu'on ose encore appeler usurpateurs, prirent le pouvoir, ils le trouvèrent errant et voguant à la dérive, ce n'était plus qu'une barque sans rame ni gouvernail au milieu de flots agités ; c'était en un mot un rien et pourtant il fallait en faire quelque chose puisqu'il représentait la France.

Qu'est devenue, dans ces moments critiques, cette majorité de la Chambre de 1869 qui a acclamé à grands cris la guerre !

La petite fraction qu'on appelle la gauche, s'émeut et s'exalte devant nos malheurs ; elle propose la déchéance de l'Empire et proclame la République ; pas une voix ne s'élève pour défendre le régime déchu qui, quelques mois auparavant venait d'obtenir sept millions de suffrages. Tous ces hommes se cachent en présence d'un lourd fardeau qu'ils ne se sentent pas le courage de porter ; comme ils n'ont été que les complaisants et les adulateurs du pouvoir, ils n'ont pas de patriotisme et désespèrent du salut du pays. Ils se retirent, mais dans leur retraite, ils font encore une mauvaise besogne ; ils mettent toujours des bâtons dans les roues et entravent la défense.

Au nom de l'Empire, un général livre à l'ennemi une place forte avec cent quatrevingt mille hommes. Il est condamné à mort comme traître à sa patrie et les journaux de la bande prennent encore sa défense.

A côté de ces hommes qui ne rêvaient que honte et ruines, il y avait les vrais patriotes, ceux qui n'avaient pas voulu la guerre et qui sont obligés de la subir. Au 4 Septembre, ils prennent la direction des affaires ; le mandat qu'ils ont à remplir est bien difficile, mais ils ont du courage et ils assument devant l'histoire toute la responsabilité de leurs actes. La France s'organise à vue d'œil et à un moment donné on peut croire à la résistance et même à la victoire sans la grande défection de Metz.

A cette époque déjà, et malgré nos malheurs, la République semblait s'incarner dans la personnalité de deux hommes. L'un, vieux, savant et expérimenté, et l'autre, jeune, ardent et enthousiaste, ayant tous les deux trois grandes vertus communes : le talent, la modération et le patriotisme.

Je veux parler, vous l'avez deviné, de M. Thiers et de M. Gambetta.

M. Thiers fut le diplomate qui, sans autre mandat officiel que sa conscience et l'amour de la patrie, alla quêter l'appui moral des autres puissances, dont nous avions besoin. M. Gambetta, avec sa parole entrainante, était le Pierre l'Ermite des croisades : il attirait les masses, pour porter l'ennemi à croire à la résistance.

Il était écrit que nous devions subir la loi des vaincus ; mais au moins, tant d'efforts ne furent pas vains car si nous n'avions pu sauver l'intégrité de notre territoire, nous avons sauvé au moins, l'honneur de la nation.

Le soin de traiter avec l'étranger a été confié à la Chambre élue le 8 février 1871. Cette même Chambre, nomma président du pouvoir exécutif, M. Thiers, qui venait d'être nommé député dans près d'un tiers des départements. Le grand homme d'Etat comprit de suite le fameux rôle qu'il avait à jouer en présence d'une Assemblée qui était un peu tout, excepté républicaine ; il mit le plus grand soin à étudier la ligne de conduite qu'il avait à suivre. Il parla constamment économie, réorganisation et sagesse : hélas, nous avions besoin de tout cela !

Cependant, M. Thiers, en prenant la direction du pouvoir, avait dit : « Je veux faire avec vous un essai loyal de la République ; une République sans républicains, mais je m'y rallierai si la raison m'y conduit. » M. Thiers voyait prospérer son œuvre et pour contenir les partis qui levaient la tête avec plus ou moins d'audace, il leur disait de sa voix autorisée : « La pomme appartiendra au plus sage. » Ces paroles étaient prophétiques pour tous, mais les républicains seuls ont su en profiter.

Sous la direction savante de son chef, le gouvernement faisait des merveilles. L'emprunt national a été couvert comme par enchantement et les Prussiens payés avant le terme qu'on s'était réservé, ce qui a étonné les puissances étrangères qui croyaient la France plus malade qu'elle n'était réellement. M. Thiers considérant son œuvre et dans un moment de jubilation, ne put s'empêcher de dire : « La République est le gouvernement qui nous divise le moins. »

Il en dit assez pour démériter aux yeux de cette Assemblée qui n'avait rien en horreur comme la République et qui devait la fonder malgré elle.

Une cabale, dirigée par M. de Broglie, l'homme néfaste, se forme au sein de l'Assemblée et M. Thiers descend du pouvoir avec une couronne de gloire sur sa tête. A partir de ce moment, la République car elle n'est pas détruite, est obligée de se voiler parce qu'elle ne peut supporter ni les outrages, ni le soleil brûlant de la réaction. Le gouvernement de combat sabre tous les hommes républicains qui sont aux emplois. A partir du ministre jusqu'au simple instituteur de campagne, tout le monde doit déménager et laisser le terrain libre à ce gouvernement qu'on pourrait appeler un pot-pourri, parce qu'il est composé de trois partis ennemis les uns des autres.

Les maires de *l'ordre moral* portent la terreur dans les communes par les illégalités qui président à leurs actes ; les amusements les plus innocents sont interdits dans les campagnes puisque dans certaines communes les jeunes gens ne peuvent ni chanter, ni danser.

Les sociétés de secours mutuels même qui devraient être sacrées à cause de leur institution morale et philantropique sont en butte à toutes les tracasseries, elles doivent se cacher pour faire le bien.

Le parti républicain qu'on voudrait agacer par tous les moyens possibles, reste paisible au milieu des vexations. Il se soumet avec un courage stoïque, à toutes les lois et à tous les décrets qui émanent du gouvernement de combat. Celui-ci ne désarme pas, et l'autre redouble de calme et de modération parce qu'il ne veut pas lui fournir l'arme qui lui est nécessaire pour l'anéantir.

Le contre-coup de cette mauvaise politique a été ressenti bien plus dans les campagnes que dans les villes, où il y a toujours eu le contrôle de l'opinion publique, représenté par des hommes éclairés qui pouvaient signaler les abus au moment où ils se produisaient.

Malgré tous les écueils, nous sommes arrivés à bon port et les journées du 30 janvier et 20 février 1876, ont été l'aurore de beaux jours pour la République.

Si nous l'avons conquise au prix de tant de sacrifices, nous n'en aurons que plus de mérite aux yeux des générations à venir.

L'histoire sera toujours là pour prendre sa défense et la nôtre. Au moindre danger qu'elle courra, nos fils se lèveront comme un seul homme et diront: « Nos pères l'ont fondée et nous la perpétuerons ! »

V.

Attitude sage du parti républicain dans la dernière Chambre.

C'était réellement navrant pour un républicain de considérer le résultat de l'élection législative du 8 février 1871. De tous les points de la France on voyait arriver à Bordeaux, en bataillons serrés, des hommes armés jusqu'aux dents et destinés à combattre par tous les moyens possibles l'ennemi commun. Cet ennemi était la République, assise, non sur un trône d'or, mais sur les ruines de la patrie ; les hommes qui en voulaient à sa vie, étaient les élus à qui la peur et la bonne foi trompées avaient décerné un mandat. Les armes qu'on dirigeait contre elle étaient tout ce qu'on peut imaginer de déloyal : le mensonge et la calomnie, l'état de siége avec toutes ses rigueurs. des lois qu'on appelle lois d'exception parce qu'elles ne sont faites que pour atteindre un seul parti, et les vexations des de Broglie, des Buffet et de leurs complices.

On était si loin de s'attendre à toutes ces rigueurs que les nouveaux élus étaient pour la plupart des hommes apparaissant sur la scène politique pour la première fois et qui ne devaient leur élévation au titre de député, qu'aux nombreuses professions de foi républicaines qu'ils avaient lancées comme des hameçons.

Cette Chambre était si bien composée d'éléments nécessaires pour détruire la République qu'on lui a lancé l'épithète de Chambre introuvable, faisant ainsi allusion à celle qui en 1815 secondait si bien les vues de la Restauration.

Mais à côté de ces hommes issus de l'intrigue et des calculs machiavéliques, il y avait les vrais patriotes ; ceux qui n'auront jamais à rougir devant le verdict de l'histoire. Ils se sont présentés à leurs électeurs, ceux-là, le front découvert et sans masque ; ils ont dit ce qu'ils étaient réellement et ce qu'ils seront demain : nous ferons la paix si la résistance n'est plus possible, dans tous les cas, tous nos efforts tendront à relever la France et à sauver la République.

Ce langage si franc ne devait pas avoir d'écho puisque la France était décidée à faire la paix aux dépens de n'importe quels sacrifices. Aussi ces Spartiates modernes ont pu se compter le jour où ils se sont trouvés en présence de leurs adversaires ; leur petit nombre ne les a pas découragés ; nous sommes peu se sont-ils dit, mais nous serons bons : les événements viennent de prouver qu'ils ont tenu parole.

En présence des trois partis monarchiques unis contre le républicain on pouvait faire revivre le dilemme suivant du combat des Horace et des Curiace : « Que voulez-vous qu'il fît contre trois ? » Comme quelque petit qu'il fût, il savait qu'il représentait la nation il n'a pas hésité à répondre. Il a remplacé le fameux *qu'il mourut* du père des Horace par : *vivre et vaincre* que lui demandait la France, il a tenu parole car il a vaincu et il vit ! ! !

La besogne n'était cependant pas aisée ; la Commune venait d'être vaincue, et l'on mettait sur le compte des républicains tous les crimes qui s'étaient commis. Communard était synonime de républicain au dire de nos ennemis ; nous protestions en disant qu'il n'y avait aucune solidarité entre nous, mais nous devions subir l'insulte quand même.

Cependant, les députés républicains de l'Assemblée composaient un petit bataillon et formaient le carré, tenant tête à l'orage et ne prenant la parole que lorsque la nécessité s'en faisait sentir. Chaque fois que la liberté était menacée, ou un intérêt compromis, des voix autorisées s'élevaient pour protester ; elles étaient étouffées, car l'Assemblée du 8 février n'avait même pas ce qui est indispensable à toute Assemblée délibérante, le respect de sa dignité. Si les rumeurs, les cris et le tumulte inspirés par le fanatisme et la haine pour la République empêchaient ces hommes de dévouement de se faire entendre à Versailles, l'écho de leurs paroles arrivait en province, puisque là, ce n'était plus un bataillon, mais une grande armée qui

4

défendait la République. Aucun évènement ne passait inaperçu : tout était noté et inscrit au grand livre afin de pouvoir rendre à chacun selon ses œuvres car il y a toujours un temps pour semer et un autre pour récolter. En chassant M. Thiers du pouvoir, la majorité de l'Assemblée a semé l'ingratitude et qui sème l'ingratitude récolte le dédain et le mépris.

Au 30 janvier et 20 février 1876, plus d'un homme a dû faire son *mea culpâ*, car justice a été faite. M. Buffet pourrait nous en dire quelque chose.

Revenons toujours à ces hommes qui ne laissent jamais entamer leur carré par la grosse cavalerie de l'ennemi. Par leur bonne stratégie et au moyen de quelques petits renforts que leur envoie le pays, ils réussissent même à faire des prisonniers, puisque le centre-gauche est en grande partie composé de ralliés : il s'y trouve même quelque pénitent qui pleure et veut réparer le crime qu'il a commis d'avoir contribué à la chute de M. Thiers.

Comme je vous l'ai dit dans un précédent chapitre, la chûte de l'éminent homme d'Etat a été juste le triomphe de la République. Dégagé des liens qui l'unissaient à la majorité de la Chambre, il a eu toute sa liberté d'action.

Républicain de raison, il a fait tout ce que la raison commande pour faire triompher une bonne cause ; il nous a doté de cette République qu'on pourrait appeler : *République Thiers-Gambetta.*

Il fallait pour réussir : de la modération, de l'union et de la sagesse, et ces deux hommes ont tout obtenu ; ils ont été le trait-d'union qui a uni et discipliné tous les groupes.

La haine que nos ennemis politiques vouent à ces deux apôtres de la démocratie, prouve suffisamment la grande part qui leur revient du mérite d'avoir fondé la République. L'un, vieux et expérimenté condamne le passé qu'il a servi ; l'autre, jeune et ardent corrige le présent ; tous les deux préparent l'avenir.

Cette union, si nécessaire à l'Assemblée, ne l'était pas moins au sein du pays ; il fallait toujours conjurer le plus petit germe de division, puisque notre parti ne pouvait vivre qu'à cette condition. Les vacances de l'Assemblée étaient employées par M. Thiers et M. Gambetta à cette rude besogne ; ils se partageaient le pays. M. Gambetta semblait avoir chaussé les bottes du Petit-Poucet. Il évangélisait aujourd'hui

Marseille, demain il était déjà acclamé à Bordeaux, etc... captivant partout les masses par la justesse de ses paroles. M. Thiers avait pris pour siège de ses opérations les pays les moins enthousiastes; il marchait à petites étapes, parlant toujours comme Saint-Paul, en converti et cherchant à convertir. Pas de grands discours avec lui, car de tout côté il entend la même recommandation: « Bon vieillard ! ménagez vos forces car la République a besoin de vous. »

Il marche en grand conquérant, emportant d'assaut toutes les places fortes qui se présentent devant lui; il laisse partout une garnison pour les garder, et une garnison qui ne faillira pas puisqu'elle est la persuasion et la logique.

Au moment de l'ouverture des sessions législatives, ces deux porte-drapeaux rentrent à Versailles et rendent compte à leurs coreligionnaires des succès obtenus , ils sont tous d'avis que le pays est prêt pour la lutte. Dans le Midi et dans l'Est on veut toujours vivre, dit M. Gambetta. Dans le Nord et dans l'Ouest on ne veut pas mourir, répond M. Thiers, et les groupes de la gauche reprennent leur attitude ordinaire.

Cependant le pouvoir est déjà à la merci d'une majorité qui devient vacillante et indécise et il lui faut un appui. Il demande à grands cris une constitution qui puisse lui assurer le lendemain. Cette constitution proposée par les ennemis de la République, est cependant votée par presque tous les républicains qui sont sûrs de leur affaire, parce qu'ils ont sondé le pays ; parce qu'ils savent qu'ils se trouvent en conformité d'idées avec lui, et que, quelle que soit la manière de voter, on saura toujours séparer la paille du bon grain.

Un homme pourtant ne devait pas la voter cette constitution ; cet homme était M. Thiers. Ses ennemis l'avaient accusé de vouloir fonder la République; il devait leur faire voir que la République se fonderait avec leur concours et sans le sien car il s'est abstenu !

Ce jour-là, Français, a sonné l'heure de la délivrance, puisque la constitution nous donnait la dissolution. Bientôt le cri : A U X U RN E S ! ! ! retentit partout, et dans les villes aussi bien que dans les campagnes, on a prouvé que l'on était mûr pour la République.

Le pays a été juste et pas ingrat : ces hommes qui, pendant cinq ans ont fait preuve de tant d'abnégation et de courage, qui ont supporté l'insulte et le mépris de cette majorité despote de la Chambre du 8 février, ont été les premiers élus. Ceux qu'on n'a pu pousser dans le Sénat, on les a précipités dans la nouvelle Chambre ; bien peu sont restés sur le carreau.

Mais à côté de ceux à qui on a préparé ce triomphe éclatant, il y en avait de qui le peuple devait tirer vengeance. Si vous aviez parcouru le lendemain de l'élection du 20 février 1876, le champ de bataille, parmi tous les débris de cette grande lutte, votre pied se serait heurté pendant QUATRE fois avec un cadavre inerte et mutilé. Chose curieuse, dans quatre départements vous auriez trouvé le même homme avec la même blessure : partout on avait visé juste au cœur !

Un sentiment naturel de pitié se serait emparé de vous et vous vous seriez écrié : Buffet ! Buffet !! Buffet !!! Buffet !!!! Pourquoi se multiplier pour mourir quatre fois ? Tous ceux qui avaient voulu avoir raison de lui, vous auraient répondu : « Monsieur, cet homme était venu chez nous pour sauver un portefeuille et faire revivre un passé condamné depuis longtemps ; nous lui avons fait voir qu'on ne violente pas impunément une nation et justice est faite, car il est bien mort, comme vous voyez ! » (1)

---

(1) Ses pareils viennent de le faire entrer en paradis par la porte de derrière.

VI

Dieu a condamné les monarchies.

Aujourd'hui surtout qu'on se plaît à montrer dans les pays non pas religieux, mais imbus de fanatisme, la République comme l'ennemie mortelle de la religion, il convient que vous soyez éclairés là-dessus afin de pouvoir confondre ces imposteurs qui, toujours par esprit de domination cherchent à tromper vos consciences.

Pour bien apprécier ce qu'il y a au fond de ces accusations gratuites, il faut que vous ayez une idée juste de la religion et de Dieu.

Dieu est l'Être surnaturel qui, par un acte libre de sa volonté, a tout créé ; et la religion est le lien qui unit l'homme à Dieu, or l'homme étant la seule créature raisonnable et aussi la seule qui soit capable de reconnaissance, cette reconnaissance envers Dieu ne peut se manifester que par le respect et l'adoration.

Si une personne vous a rendu un grand service, vous cherchez par tous les moyens possibles à lui être agréable ; vous lui faites des cadeaux qui soient à votre portée et dignes d'elle. Vous ne pourriez en faire de même à l'égard de Dieu pour deux raisons principales : d'abord, tout ce que vous pourriez lui offrir lui appartient déjà comme vous-même, ensuite, Dieu n'étant pas une personnalité, c'est-à-dire quelque chose de visible comme votre semblable, vous ne pouvez jamais arriver matériellement jusqu'à lui. Il ne vous est permis de le connaître que par ses ouvrages qui vous donnent une idée de sa puissance.

Il y a cependant une partie de vous-même que Dieu n'a pas voulu s'approprier lors de la création, cette partie qu'on appelle la volonté ou le libre arbitre est indépendante parce qu'il l'a voulu ainsi. Vous avez toujours devant vous un vaste champ libre où vous pouvez exercer vos passions ; à côté des sentiers de la vertu et du bien, se trouvent aussi les voies qui conduisent au mal ; il existe partout des modèles d'édification aussi bien que de dépravation : à l'homme seul appartient de choisir.

En considérant bien sa position il reconnaît son néant, il voit qu'il n'est rien par lui-même, que toutes les faveurs dont il jouit sont autant de dons qui lui ont été dévolus par la Providence, et alors, dans un sentiment d'humilité, de reconnaissance, de respect et de vénération, son cœur s'élève vers Dieu. Voilà l'origine de la religion qui n'est autre chose que la manifestation libre de la volonté de l'homme à l'égard de son Créateur.

Comme servir Dieu ne peut être autre chose que faire le bien et diriger toutes ses vues vers le bien et que d'un autre côté il y a plusieurs manières de le faire ; que tel moyen est à la portée de l'un et n'est pas à celle de l'autre, il résulte de cela que la religion doit être dégagée de toute entrave et jouir d'une pleine liberté.

De la conséquence de ces principes découle aussi la tolérance naturelle de toutes les religions. Si Dieu n'a pas voulu mettre un frein à la raison de l'homme, je considère que l'homme doit respecter cette décision divine.

La République étant un régime de liberté, la religion ne peut que gagner avec les institutions républicaines. Si, à la naissance du christianisme les peuples avaient été libres, le sang des martyrs auxquels nous rendons aujourd'hui un culte n'aurait pas coulé, car, sachez-le bien, messieurs, c'étaient les empereurs romains, ces puissants rois de l'époque qui faisaient périr dans les tourments, les hommes courageux qui protestaient en faveur de la liberté de conscience.

Ainsi donc, riez au nez de ceux qui vous disent que les républicains veulent détruire la religion. La République n'est pas l'amie d'une, mais de toutes en général, parce qu'elle veut le bien et la liberté.

Vous venez de voir que les rois ont persécuté les religions, et comme de nos jours on vous demande la royauté au nom de Dieu et de la religion, je vais vous prouver que Dieu est contre les rois et qu'il condamne les monarchies.

Je mettrai pour cela entre vos mains des arguments irréfutables avec lesquels vous battrez ceux qui, avec leur audace habituelle voudraient vous imposer silence. Prenez ce petit livre qui est entre les mains de votre enfant qui va à l'école, et qu'on appelle l'Histoire Sainte. Il ne peut être suspect ce livre, car il est le résumé succinct de la Bible, le code religieux des catholiques, des protestants et des Juifs et qu'heureusement la tradition nous a conservé intact pour mieux condamner certain abus. Méditez bien l'histoire de ces peuples primitifs qui se multiplient progressivement. Du temps d'Abraham déjà on voit apparaître des rois sur la scène du monde, puisqu'il est dit que ce patriarche arme les siens et va porter secours à son neveu Lot qui habite la ville de Sodome, révoltée contre les ROIS à qui elle ne veut pas payer le tribut.

Voilà donc des rois qui exigent le tribut de leurs peuples, tandis que le pays de Chanaan où habite Abraham en est délivré. Ce fait historique peut nous fournir un grand enseignement.

D'abord, nous voyons des pays soumis à la puissance des rois, lorsque celui de Chanaan seul, ne doit pas la subir. Pourtant, on dirait que c'était chose aisée de soumettre comme les autres ce petit peuple au berceau, puisqu'il n'était encore qu'une famille dont Abraham était le père. Détrompez-vous, ce peuple était inattaquable puisqu'il était le dépositaire des institutions divines et ce qui vous le prouve, c'est qu'Abraham avec une petite armée composée de ses serviteurs, a raison de plusieurs rois alliés. Tout ceci prouve encore que Dieu combattait avec lui et que sa cause était juste.

De tout cela vous pouvez déduire encore que de ce temps comme de nos jours, les rois ne sont que des fléaux, des calamités que Dieu envoie aux peuples pour les châtier, en un mot les instruments de la colère divine.

Malgré l'intervention d'Abraham pour défendre Sodome, Dieu en avait décidé l'anéantissement. Sourds aux avertissements de Dieu et persévérant toujours dans le vice, ses habitants doivent périr; en effet, le feu détruit et réduit en cendres cette ville coupable avec quatre autres : Gommorrhe, Adama, Séboïm et Ségor.

Il n'y a pas à s'étonner que ces villes dûssent payer des tributs et qu'elles fussent soumises ; elles étaient arrivées au comble de leur iniquité, tandis que la famille d'Abraham, affranchie de tout, prospérait toujours en se perfectionnant dans la voie du bien.

Si quelqu'un osait vous dire qu'Abraham était aussi un roi, faites lui voir aussitôt que vous comprenez la grande différence qui existe entre un roi et un patriarche. Patriarche, d'après la signification étymologique du mot lui-même, veut dire chef de famille ; or, le chef naturel de la famille est le père de famille, le roi si vous voulez, mais le roi selon le cœur, le roi de l'affection constante, le roi qui se priverait à un moment donné du nécessaire pour le donner à ses sujets. Ah ! messieurs, ces rois-là ne nous sont pas à charge ; nous nous trouvons heureux tant que nous avons le bonheur de les posséder et nous nous récrions contre les rigueurs de la commune loi lorsque nous avons le malheur de les perdre.

A l'égard d'eux, l'obéissance n'est jamais de la contrainte parce qu'on sait d'avance qu'obéir est marcher droit à ses intérêts, faire la volonté de celui qui est un autre nous-même et qui ne veut que notre bonheur.

Tels étaient les patriarches : à cause de leur longue vie, ils avaient la satisfaction de commander les fils, les petits-fils, arrière petits-fils et fils d'arrière petits-fils ; mais avec eux, commander était diriger et non asservir.

Ils n'écorchaient pas le peuple, les patriarches, car le peuple était leurs enfants ; bien au contraire, comme ces hommes étaient les plus justes parmi les justes, la bénédiction de Dieu faisait prospérer leurs richesses et tous les fils bénéficiaient de la fortune du père commun. En est-il de même des rois ? Certes non. Ils sont tous riches, et cela ne les empêche pas de prélever sur le revenu du riche comme sur celui du pauvre pour augmenter leurs richesses. Que les années soient bonnes ou mauvaises, les temps prospères ou calamiteux, le roi prend toujours ses millions ; son traitement n'est jamais à la merci de la rigueur des saisons : pour lui, il n'y a jamais de disette.

David lui-même la reconnu, car lorsque Dieu lui a laissé choisir un fléau pour son peuple à cause de ses crimes, voyant qu'avec la famine et la guerre il pouvait être le dernier survivant, il a voulu choisir la peste pour qu'il fût exposé à l'égal de ses sujets.

Prenons donc ce peuple de Dieu dont Abraham fut le premier chef et arrivons rapidement au moment où il est en pleine possession de la terre promise. Étant devenu bien plus nombreux qu'il ne l'était au temps des patriarches, il lui faut une organisation et un chef.

Aura-t-il un roi comme ses voisins, les Philistins, les Madianites, les Amalécites et les Moabites ? Non, car il ne peut être esclave parce qu'il marche toujours dans les voies de Dieu qui est son seul roi. Il aura bien un chef, mais un chef qu'il se choisira lui-même et duquel il contrôlera les actes ; voilà l'institution des juges d'Israël qui étaient les présidents de République de nos jours.

Cependant le peuple de Dieu était fort et puissant sous la juridiction des juges. Sa prospérité excitait la jalousie de ses voisins qui lui déclaraient la guerre un à un ou alliés ensemble, mais Israël était toujours victorieux. La protection divine se manifestait même en sa faveur par des miracles au milieu des combats.

Malgré tous les bienfaits dont jouissait ce peuple, il se lassa de la prospérité ; des alliances contractées avec les étrangers infiltrèrent la corruption dans son sein et, à un moment donné, trompé par l'éclat brillant des rois, et sous prétexte que Samuel son dernier juge ne rendait pas bien la justice, il lui demanda un roi.

Cette demande afflige Samuel qui ne se serait jamais attendu à une pareille proposition. Devant les instances du peuple il consulte Dieu qui lui répond : « Donne-lui ce qu'il te demande. » Samuel rassemble le peuple pour lui faire part de la décision divine ; par l'ordre de Dieu il lui reproche son ingratitude envers Dieu qu'il n'aurait jamais dû abandonner pour se choisir un autre maître. Vous voulez un roi comme les autres nations, dit-il à ces hommes, eh bien, vous l'aurez : « Vous aurez un roi qui prendra vos fils pour en faire ses soldats, vos filles pour en faire des esclaves et des maîtresses et il vous criblera d'impôts. »

Les paroles de Dieu sorties de la bouche de Samuel devaient se réaliser, car le dernier jour de bonheur pour les enfants d'Israël, fut celui qui les sépara de la royauté.

Saül choisi et sacré par Samuel lui-même, fut le premier roi d'Israël. A peine cette nouvelle est connue que les peuples ennemis, profitant de ce changement de gouvernement déclarent la guerre à ceux qu'ils n'ont jamais pu soumettre.

Saül en est informé et il fait de suite un appel arrogant aux douze

5

tribus d'Israël. Tout le monde doit prendre les armes sous peine de voir ses récoltes et ses troupeaux dévastés : les prophéties de Samuel commencent à s'accomplir car le roi lève une grande armée de soldats. Dieu ne combat plus avec Israël parce qu'il l'a rejeté ; aussi il doit opposer la force à la force pour résister à l'ennemi.

Les abus de pouvoir de Saül irritent tellement Dieu, qu'il ne peut plus le supporter ; il lui fait élire un successeur qui est David et qui doit justifier la seconde partie de la prophétie de Samuel.

Arrivé au pouvoir, David se laisse corrompre par les mauvaises mœurs la femme d'un de ses officiers passe sous son balcon ; il est épris de sa beauté, s'en empare, et écrit à Joad, général en chef de son armée, d'exposer Urie au plus fort de la mêlée afin qu'il soit tué. Ses ordres sont exécutés au pied de la lettre et David dépasse même les prédictions de Samuel, puisqu'il fait assassiner le mari pour s'approprier la femme. La main de Dieu devait pourtant s'appesantir sur ce peuple coupable qui marchait d'abime en abime. En présence des crimes de David, il lui envoie son prophète pour qu'il choisisse entre trois châtiments. Le roi sent l'énormité de ses fautes et voudrait conjurer le danger qui menace son peuple mais Dieu est inflexible. Le peuple d'Israël a demandé à grands cris un roi ; il est responsable de ses actes et de ses crimes. Par un sentiment d'humilité, David choisit la peste qui fait d'innombrables victimes parmi ses sujets. Devant l'intensité du mal il implore la clémence du Seigneur et le fléau cesse.

Salomon fils et successeur de David dépasse encore les dérèglements de son père. Lorsque Roboam son fils lui succède, le peuple va le trouver et le prie de diminuer les impôts dont le père l'a accablé. La réponse est digne d'un roi . « Si mon père, dit-il, vous a imposé un lourd fardeau, je le rendrai plus lourd encore ; s'il vous a battu avec des verges d'osier, je vous battrai avec des verges de fer. »

Toutes les prophéties de Samuel touchant les rois se sont accomplies et le peuple seul doit fournir à leurs caprices et à leurs passions. Il a voulu abandonner Dieu et Dieu l'a abandonné à son tour à la merci des tyrans.

Après tout ce que je viens de vous dire sur ce sujet, si en étalant ces tableaux lugubres devant les yeux de ces hommes qui défendent les rois au nom de Dieu et de la religion, vous ne pouvez les convaincre, abandonnez-les à leur aveuglement ou à leur mauvaise foi.

Pour vous, priez Dieu au contraire qu'il vous délivre des rois ! ! !

VII

Sous la sauvegarde du paysan, la République prospérera.

———◦◦◦———

Vous avez fait un grand pas, habitants des campagnes, la victoire que vous venez de remporter est éclatante puisque vous venez de conquérir votre pays que trois familles croyaient pouvoir légalement se disputer.

Après avoir fait longtemps par votre apathie et votre ignorance la force des rois et des empereurs, vous avez compris le véritable rôle d'homme libre.

Le vaste domaine de la France, confié par vous à de mauvais régisseurs ne donnait que de chétives récoltes ; à la place de la gloire et de la prospérité qu'on vous a toujours promises, vous n'avez jamais eu, au jour des grandes répartitions, que honte et ruines.

Bien qu'on vous ait toujours marchandé l'instruction, cette nourriture intellectuelle indispensable aux peuples qui sont destinés à vivre, vous avez fini par comprendre que si vous ne changiez d'idée vous marchiez droit à votre perte.

Ces meneurs adroits qui ont profité de votre ignorance ont eu leur temps. S'ils ont disposé de votre confiance pour seconder leur ambition, si vous avez été le jouet et les victimes de leurs caprices, vous pouvez dire aujourd'hui que l'adversité a été pour vous une bonne école puisque l'époque de malheurs que nous venons de traverser vous a dessillé les yeux.

Le paysan a compris ce qu'il y avait au fond de ces raisonnements astucieux fabriqués pour le tromper, aussi il vient d'en tirer justice. Par sa docilité et sa soumission aveugles il était le soutien des trônes malgré tout le poids qu'ils lui faisaient supporter. Il a trouvé cette besogne trop pénible et il vient de lâcher son fardeau.

L'édifice s'écroule sans espoir de se relever parce qu'on ne peut rebâtir qu'avec le mensonge auquel la vérité seule durable et éternelle succède,

Les habitants des campagnes ayant compris que les rois ne sont plus de mode, le premier et le plus grand pas est déjà fait. Avec la République ils commenceront à mieux respirer puisqu'elle veut dire : liberté, économie et progrès. L'instruction sera facilitée par tous les moyens possibles aux enfants du peuple ; l'économie réalisée dans toutes les administrations contribuera à alléger les charges publiques en même temps que le commerce et l'industrie, dégagés de toute entrave porteront leur part de bien-être aux coins les plus reculés de la France.

Vous aurez alors bien mauvais jeu vous autres qui avez vendu vos services aux prétendants de toute couleur et qui êtes les commis-voyageurs de la corruption. Allez présenter ailleurs vos drogues qui ne sont que du poison, vous criera-t-on de toutes parts, car nous voulons vivre. Tous les efforts que vous ferez pour vanter votre marchandise ne serviront qu'à la mieux discréditer ; vos paroles mielleuses seront tournées en ridicule, et vous obtiendrez un résultat que vous n'attendiez pas puisque ces gens serreront leurs rangs en votre présence comme un troupeau de moutons à l'approche du loup qui vient pour les dévorer.

Vous aurez beau retourner dans tous les sens ces nouveaux défenseurs de la République, nulle part vous ne pourrez découvrir le défaut de la cuirasse. C'est qu'on est prévenu aujourd'hui contre vous parce ce que vous avez oublié que l'honnêteté est l'âme du commerce ; parce que vous avez trompé ces hommes de bonne foi en leur faisant prendre toujours la même marchandise sous des nuances différentes. Pour se mettre à l'abri de votre fourberie et de votre charlatanisme, ils ont appris à connaître eux-mêmes les produits qu'on leur offre. Écoutez-les..... ils racontent et commentent les grands faits de l'histoire ; c'est vous dire que vous n'avez rien à faire au milieu d'eux ; ils sont en possession d'un antidote à opposer à votre poison.

Ils n'étaient pas si rebelles dans le temps, me dites-vous, et pourtant ces montagnes n'ont pas changé de place. C'est vrai, depuis le temps que vous exploitiez encore avantageusement leur pays, les maisons se sont un peu embellies sans marcher, mais les idées ont fait beaucoup de chemin.

Sachez qu'on ne trompe jamais impunément le paysan ; il sait payer par le mépris, le jour où la lumière se fait, ceux qui ont abusé de sa crédulité.

Allez rapporter à vos maîtres ce que vous avez vu et entendu ; dites-leur surtout que vous avez trouvé des forteresses bien gardées, desquelles n'auront jamais raison leurs intrigues quelque savamment combinées qu'elles soient ; que leurs fautes ont fait naître et croître des idées démocratiques dans ces parages reculés ; qu'il ne reste aux prétendants, pour se faire absoudre des responsabilités de l'histoire qu'à échanger leur titre de prince contre celui de citoyen qui seul honore.

Et vous autres même, Messieurs, ne faites pas des efforts d'imagination pour gagner ces gens-là, car vous y seriez pour votre temps et votre argent. Ils savent ce que valent vos arguments et votre départ sera salué aux cris de : Vive la République ! Abandonnez ce commerce qui ne rapporte plus rien et cherchez un métier plus lucratif et plus honnête.

Oui, braves gens des campagnes, les évènements viennent de prouver que vous êtes réellement convertis aux idées du jour qui sont les seules qui ne soient pas en opposition avec vos intérêts. Persévérez toujours dans cette voie sans vous arrêter, car, en politique, on ne peut jamais stationner : si on ne marche, on recule. Sachez que les ennemis de vos libertés ne désarment pas ; ils profiteront du plus petit germe de division ou de découragement pour empiéter chez vous. Ils savent que la République est jeune et ils comptent sur son inexpérience pour en avoir raison ; à vous autres de veiller sur elle et de la défendre toujours par votre union, votre abnégation et votre dévouement.

Être Républicain veut dire être vertueux ; opposez toujours par votre conduite un véto aux calomnies qu'on fait pleuvoir sur les républicains ; prouvez toujours, et ce ne sera pas difficile, que vous, calomnié, valez cent fois plus que les calomniateurs.

Peu à peu, les gens de bonne foi qui n'ont pas encore rompu leur pacte avec l'ignorance jugeront entre vous et vos opposants et la République fera ainsi de nouvelles conquêtes jusqu'au moment où Français voudra dire Républicain.

Quelque éclatante que soit la dernière victoire, elle n'est pas complète. Aux deux chambres siègent encore des hommes qui représentent les idées d'un passé exécrable : à vous autres appartient l'honneur de leur en fermer plus tard les portes, car ils ne sont pas dignes de présider à vos conseils puisqu'ils ne représentent pas vos intérêts. Vous ferez pour eux ce que vous avez fait pour tant d'autres jusqu'au moment où aucune voix n'osera s'élever contre la République.

Une dernière recommandation avant de finir avec vous. Que les succès obtenus ne vous enorgueillissent jamais au point de vous faire perdre les fruits de votre conquête. A votre fermeté inébranlable, joignez le calme et la modération toujours indispensables aux grandes causes. Soyez sévères pour les principes et indulgents pour les personnes ; la liberté que nous réclamons ne peut être le privilège d'un parti sous peine d'égoïsme.

Gardez-vous bien de songer jamais à appliquer la loi du talion : « Œil pour œil et dent pour dent. » Je sais bien que nous avons beaucoup souffert de la part de certains hommes, mais la République ne peut être l'anarchie et la licence. A la justice seule appartient le droit de vider tous les différends.

Attendez-vous à tout de la part de vos ennemis les plus acharnés ; avant d'abandonner le champ de bataille, ils voudront tirer leur dernière cartouche et essayer de faire une blessure à la République en vous provoquant au moyen de l'insulte. Ne vous laissez pas prendre au piège ; déjouez par le mépris tous les calculs perfides car ces hommes ne sont plus à craindre, leur action n'est que la dernière convulsion du mourant et le râle de l'agonie.

En agissant toujours ainsi nous marcherons à pas de géants et nous dissiperons tous les préjugés. Si nous avons eu à lutter pour fonder la République, contre les circulaires des évêques, contre les soi-disant ministres de Dieu et les dévotes enrégimentées, nous aurons pour coopérateurs, lorsque tout esprit de domination sera dissipé . . . le bon prêtre lui-même !

Alors les portes de l'enfer ne prévaudront point contre elle !

FIN.

TABLE DES CHAPITRES.